轉身，
看見你
未來的風景

李小龍旅行趣
Justin Li—著

這世界，
因為我們的足跡而美麗！

U0039835

我旅行，我存在，我幸福！

當初認識小龍是無意間在 FB 看到他的貼文與眾不同，

他總是用簡單的文字形容他旅遊的當下感動及幸福，

旅行中的美景，每每能勾起許多粉絲內心的共鳴。

這些年，看著當初青澀的他，一路跌跌撞撞，

從一次又一次的經驗中學習成長，蛻變成今日處變不驚、

無所不能的他。唯一不變的是，

他依然秉持一顆善良真誠的心，對待每一位身邊的朋友。

擔任領隊時他要求 100 分的表現，帶 100 分的歡樂給所有的團員。

書中的小龍將五年來所踏及歐洲的土地、每一個晝夜的顏色，

用文字與相機記錄起來，慢慢成為一種習慣。

在國外的他，孤單卻不孤獨；

因為不停的創作陪伴著他。

我旅行，我存在，我幸福！

可以旅行的人生是彩色的。

翻開這本書，看著每一個場景、每一段情節，

彷彿置身其中的與這美麗世界對話著。

旅行在書中的字裡行間、美麗動人的照片，

那未來的風景，也在我們轉身之後。

女人幫總編輯 ‧ Talk TV 台長 Dr.Selena

向前，走在旅行中的不忘初心

往東歐的路上，初次認識號稱 「巴爾幹半島王子」的小龍。

俊美的外貌裡藏有一顆對旅行赤誠、跳動且樂此不疲的心。

每趟旅程他都像面對一段尊貴的戀情，

總在路上夾愛夾義，賭上生命似的將自己全數奉獻出去。

領隊身分是他的孤獨航行；在理性與激情交織的夢想中，

偶爾放任衝撞的靈魂繾綣在世界風土的澎湃裡。

在臺式的幽默的條理中，

不時曖昧提醒著自己對旅行的不忘初心。

在現實的日常裡我們也許都不盡完美，

藉由旅行的出走讓自己得以歸零修補，

向深遠的歷史精采重載再次面對世界的熱情與勇氣。

還理不出自己何時能勇敢出發時，

不妨隨心閱讀小龍的旅行書來場時空穿越之旅。

乘著文字的熏風穿越國界，

找到一個能讓自己歇息吹風的老城廣場，

調勻呼吸無所事事的感受著，

讓風、讓故事在此縫合完整的你。

這樣，世上多數的徒勞與寂寞也許就沒關係了。

放下對「不完美」的芥蒂，轉身旅行去，

愛上一個「人生風景完整的自己」。

承億文旅藝術設計總監 **黃韋維**

旅行，是為了給你更美的風景

當你看見這一行字，代表旅程已經開始了……

「各位旅客，本班機艙門已關閉，請安心的享受接下來愉快舒適的空中旅程！」

我又要出發去旅行，跟過去的 100 次旅途一樣，飛越半個地球，才能抵達目的地。只不過，這一次，陪伴在身邊的不再是空虛，而是你給的擁抱。圍繞在左右的不再是寒冷，而是你給的溫暖。

一萬公里的距離，心卻是緊扣著的。

我離開你，開始踏上尋找心中的感動之路……

曾經，我有一張黃色便條紙，紙上寫著「終有一天，我會去歐洲旅行」。這張便條紙就貼在我的辦公桌上。小小的紙卻裝載著巨大的希望，像是擁有神奇的魔力，讓我只要看到它，就能重新充滿能量，繼續努力工作。

相信我，便條紙絕不具任何魔幻神力。是我提起筆，在紙上

施展了法術，文字在紙上跳躍著，提醒著我的旅行夢。

從此，那不再是一張便條紙，而是一張前往歐洲的未來通行證，帶領你到日思夜想的國度。

人，喜歡美的事物。這是與生俱來的天性。看見美麗的風景，心情自然輕鬆愉快。我喜歡到處旅行，因為渴望擁有快樂的心。但更熱中於帶人去旅行，因為喜歡見到人們被景色感動而流露的幸福表情。

這些年，曾經待在土耳其的醫院照顧團員，帶著十字架到羅馬尼亞找吸血鬼，在保加利亞發現珍貴的玫瑰，體驗克羅埃西亞海灘的無窮魅力，見證義大利威尼斯的浪漫傳說，擁抱著西班牙南部的熱情陽光，沉醉在仙境般的挪威峽灣。走著，走著……

我遇到了美景，也找到感動，我將所有屏息的瞬間記錄成書。離開你，才能把這本書獻給你。雖然沒有高超的攝影技術，但我會站在最好的角度，用最美麗的眼睛，給你最深的感受。

此刻，我希望，無論你在哪個角落翻著這本書，都能看見我眼中的世界。看過這本書，你就能了解，我的旅行，是為了給你更美的風景。

未來，我的旅行路上不會孤單，因為你一直會在。你的旅行路上不會寂寞，因為我不會離開。

祝福你在未來的旅程

平安 愉快

李小龍旅行趣

這世界，因我們的足跡而美麗。

Contents

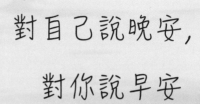

對自己說晚安，
對你說早安

如果沒有黑夜，白天不會來臨。

我的月亮，是為了迎接你的太陽。

如果可以，

我願留在黑暗成為俘虜，

你就能永遠擁抱著陽光。

晚安，是對自己說，

早安，是對著你說。

一萬公里不算遠，

因為我們擁有同一片天空。

最美麗的夜景

晚安！你該起床了……

　　我在艾菲爾鐵塔的夜對你道晚安，讓你在浪漫中甦醒，感受空氣中幸福的味道。

　　巴黎鐵塔高 320 公尺，據說，曾經是世界最高的建築物，但，一山還有一山高，浪漫取代高度，無數戀人在這裡度過甜蜜的夜晚，夜裡的鐵塔，沒有一絲絲冰冷，反而滿是愛的香味。

　　喜歡夜晚，特別是飄著細雨的時刻，空氣中瀰漫的是清新的味道，街頭上往來的只剩下寂靜，這是歐洲最美的夜，也最適合回憶。

　　期待，下一場雨的到來。

曾經你說，要跟著我去看夜景，當時我很想說：
「你就是最美麗的夜景。」

純真的年代

兵荒馬亂的時代，才能看出真正的愛。

在馬其頓的首都史高比耶有條古老石橋，見證著五百年來的風風雨雨。

石橋底下的拱形橋墩，支撐著人來人往的腳步。

夜晚時，當這些拱形灑上柔和的黃色燈光，瞬間所有的目光都移到橋上了。

千年的古橋，橫跨馬其頓最大的河流發達河，橋的這一端是馬其頓的新城區，另一端則是土耳其人留下的舊城。

走過石橋，回到五百年前的那天。

寂靜的夜裡，同樣的橋上，追憶著，曾經最純真樸實的年代。

羅馬的夜

西方諺語：「條條大路通羅馬。」

數不清的兵馬、商旅往來於此，雖然來不及參與那段輝煌盛世，羅馬的帝國廣場大道上，兩旁有大規模的古代石頭建築殘骸，說穿了，就只是廢墟。但藉著遺留下來的建築遺跡，我們還是可以回首歷史。

到了夜晚，當所有的古建築打上炫麗的燈光後，彷彿訴說著輝煌古羅馬時代，遙想著兩千年前的繁榮景象——

羅馬皇帝在維納斯神廟內祈求問事，參議員在元老院內討論國家大事，古羅馬人在市場內熱絡的交易，羅馬軍隊正在奧古斯都廣場上操演，而我們就置身在古代的競技場觀賞著神鬼戰士與猛獸的生死搏鬥。古羅馬之夜如此氣勢磅礡，我們在此緬懷、讚嘆歷史上的榮光偉業。今夜，內心澎湃不已，千年的絕代風華令人動容。

告白的浪漫

為你摘下威尼斯夜空的星星，在你耳邊細說著它的故事。

　　威尼斯的夜晚具有魔幻神力，它蘊育出愛苗，更催化了戀情的發展。幸福的戀人讓甜蜜的夜晚更添濃情密意。

威尼斯因你而綻放光芒，黑暗中引領著我的方向。

即使是天上的星星，我也可以為你摘下。

今晚，是浪漫告白之夜。

　　雖然無法與你在利亞德橋上欣賞運河身影，但我帶著希望前進。終有一天，在威尼斯的橋上，伴隨著美好的月色，你會依偎在我身旁，一同感受威尼斯的美麗。

遺留在

亞德里亞海的時光

戴上耳機，

聽著最愛的音樂，

享受著眼前的一片深藍海灣。

時間在亞德里亞海停止了，

帶不回來的時光，

就遺落在那片深藍大海。

在海灘那美好的時刻

　　我們抵達亞德里亞海的高級度假飯店，氣派又寬敞的接待大廳已備妥迎賓香檳，午後的陽光從大片落地窗照射在大理石地板上，坐在歐式皮製沙發上就已經是種享受。

　　從玻璃窗戶往外看，正是飯店的室外游泳池及海灘，大約有幾百個躺椅跟陽傘，還有椰子樹、酒吧。進房間放好行李後，帶著泳褲及太陽眼鏡，就往海邊衝了。

　　海水的溫度是適合游泳的，陽光打在臉上也不會刺痛，我跟亞德里亞海親密的接觸了，過程是如此的愉快跟舒服。

在沙灘的躺椅上，喝著特調的 mojito,

試著讓思緒沉入大海，只剩下你的美麗身影，

在沙灘上美好的時刻，留存在心中。

夕陽下與你共舞

亞得里亞海的美麗音符，在札達爾的古典琴鍵上恣意舞動，

譜出悠揚的樂章，動人的旋律。

令人總是如癡如醉的佇足聆聽，能不能邀你在夕陽下跳支舞？

走進札達爾海門入口後，地面上光滑的大理石路面，讓腳步不自覺的慢了下來，走著，前方就是羅馬古城遺址，即使只剩斷垣殘壁的石頭，依稀還是感覺到繁榮的過往。一千年歷史的圓形聖多納音樂廳，卻是周圍最年輕的建築，從音樂廳不規則的圓柱底座即可看出端倪。

我想帶你去看世界最美的夕陽，在落日餘暉下，我們可以坐在岸邊的石階上，閉著眼睛，聽著大海譜出一段又一段的協奏曲，那會是我們所聽過，最自然純淨的音樂。

張開眼睛，你已經在我懷裡跳舞。

海上的貝殼古城

　　克羅埃西亞的杜布羅尼克，人稱「亞得里亞海珍珠」。義大利的威尼斯，人稱「亞得里亞海女王」。

　　女王曾經佩戴著珍珠，在那段最風光美好的年代，絢麗而奪目。

　　中世紀時，杜布羅尼克海上貿易繁榮發展，它是唯一能與威尼斯比富的城邦。現在，也是唯一能與威尼斯較勁的度假勝地。古城內的教堂、民宅、皇宮、鐘樓保存完整。時間，沒有在這些建築留下痕跡。世界上古城何其多，但像杜布羅尼克古城依舊青春美麗的，世上能有幾個？

　　一道牆，劃破時空，城內是五百年前的景象，城外是現代化的氛圍。爬城牆，是遊客的熱門活動之一，也是考驗體力的最佳機會！在六公尺高的城牆上，有的人健步如飛，也有人氣喘噓噓。

　　古城牆近兩公里的距離常令人揮汗如雨，但停下腳步，隨性的倚在城牆，往牆外望，眼前的畫面，氣勢磅礡。往牆裡望去，成片紅色屋頂構成的民宅，是強烈衝擊的對比。

一路上隨著城牆高高低低，
爬上爬下，途中經過數個堡壘，
登上塔頂，想像著百年前士兵在
此守護城塞的意氣風發！愈接近
終點，內心愈激動，早已忘卻沿
路的喘息聲！

漫步在城中最著名的史特拉敦大道，遙想，
十五世紀前，這兒還是隔開島嶼與陸地的海。水道
搖身一變成為古城內的黃金地段，兩旁巴洛克式建
築不難看出曾經輝煌的過往。

　　海中的貝殼古城，是海上船隻的避風港，
　　是旅人暫時的棲身處，更是你我永恆的回憶。

羅馬皇帝的高級海景房

　　戴克里先皇帝選擇回到自己的家鄉，在亞德里亞海灣邊，大興土木建造退休用的宮殿與陵寢，繁榮了斯普利特，也造福了後代子孫。

　　來自埃及的黑色花崗岩製的人面獅身雕像，貴氣的安坐在列柱廊上，是羅馬帝國向世人展現戰功彪炳的戰利品。坐在列柱廊前的石階，欣賞著大理石柱跟鐘塔精采的演出。從皇宮南側長廊的窗戶向外看，是至高無上的古代皇帝所擁有的景觀，面對亞德里亞海最耀眼的海灣，我們，備感榮耀。

　　皇宮南門連接地下室，目前是整排的紀念品攤販區。三世紀時，皇宮地下室興建目的是為了讓皇宮與列柱廊在同一平面，後來，經歷戰爭時期，地下室堆滿垃圾和廢棄物，當你走進皇宮地下室，聞到的是濃濃的，歷史沉積味。

　　一千多年歷史的斯普利特皇宮，不僅是將建築美感傳承下來，更重要的是，皇帝的器度與遠見。

氣勢磅礡的壯觀峽灣，古色古香的千年名城，

在亞德里亞海的結尾，擦出無止盡的亮麗火花。

峽灣與古城最美的相遇

　　如果峽灣是上帝給挪威的贈禮，那科特峽灣必定是聖母給黑山共和國的恩惠。從地圖上看，峽灣呈現蝴蝶狀由亞德里亞海深入內陸，陡峭的高山環繞，從制高點俯瞰，是視覺上的震撼享受。航行在峽灣中的大型遊輪，載來一批又一批的遊客，除了欣賞壯觀的景色，目的地是停靠在科特古城的碼頭。

　　古城的城牆綿延數公里，盤據了後方的巨大山脈，雖然城牆年久失修，大部分的階梯已經損壞，但仍可從售票處往上爬，越往高處，景觀的美麗指數持續破表。

　　從海門進入科特古城，穿梭在，彎曲窄小的巷弄。停留在，大大小小的廣場。

　　品味著，精緻雕刻的皇宮，最後，走進大教堂，洗滌自己的思緒，繼續踏上旅行之路。

　　峽灣，遊輪，古城在此相遇。

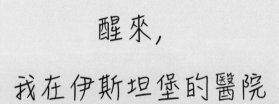

醒來，
我在伊斯坦堡的醫院

那是個令人興奮的午後，

因為再走兩個景點，吃一次晚餐，

我就可以圓滿完成任務從土耳其回家過年了。

但，

隔天醒來，

我卻在伊斯坦堡醫院的沙發上。

旅行的盡頭是醫院

　　巴士緩緩開進蘇丹阿赫邁特廣場旁的巴士停靠站，車子停妥後，司機打開了前門跟後門，我拿起麥克風請團員們下車，才剛放下麥克風，就聽到路邊傳來一陣「啊」的慘叫聲。我跟土耳其導遊下車去查看。

　　天啊！我的一位女性團員正躺在地上。

　　她的右手肘跟左腳膝蓋在流血，似乎還有骨折現象，上、下肢部分骨頭在皮下異常凸出。她不斷的喊著：「好痛！」

　　我當然很慌張，所幸我的土耳其導遊非常冷靜，他立刻轉過身去打電話叫救護車，我則是站在他的身邊等他打完電話。

　　突然，又一陣尖叫聲傳來！

　　我跟導遊轉頭一看，原來是同團的一位男大學生見義勇為，嘗試要把她抱到樹蔭底下，可能不小心壓到她受傷的部位，她才又發出更慘烈的叫聲，而大學生聽到她慘叫後，立刻又把她放到地上。（千萬不要自行移動骨折傷患呀！）這下好了，骨折可能更加嚴重了。

以弗所古城之古羅馬時代醫院的標幟

大約十五分鐘後，救護車終於抵達廣場。但現場的觀光客非常多，圍觀的人擋住救護車的通道，救護車一直鳴笛警示，我們一直對著觀光客大喊：「please！」費了好大的工夫，救護車才得以靠近我們。

在等待救護車時，導遊已經事先跟我討論過，等救護車來時他先跟著上救護車，陪我的受傷團員到醫院，而我必須帶著其他團員繼續後面的參觀行程──聖索菲亞大教堂跟君士坦丁地下水庫。

雖然心繫著受傷的團員，但仍必須故作鎮定的帶著團員參觀，我只能利用自由活動時間，打電話給公司的老闆。老闆交代完該怎麼處理後，最後補上一句話：「如果受傷團員不能回臺，你就留在土耳其陪她。」而同時間，我也不斷跟導遊電話聯繫。

當時，聊天軟體尚未普及，所有的通訊都靠著打電話或電話簡訊。

在電話中依老闆的指示，我請導遊詢問醫生，那位團員在今晚能不能搭飛機？

醫生回答說：「她不但不能搭飛機，還必須開刀取出骨頭碎片。」

青天霹靂的消息，打得我腦袋一片空白，看著餐桌上的那一

盤美味的土耳其烤肉，卻悶得說不出一句話，更加食不知味。

吃完晚餐後，我跟團員一起到機場去，幫他們拿到登機證、辦理行李託運後，我拖著我的行李跟受傷團員的行李，晚上九點半，搭著地鐵往醫院奔去。

抵達醫院後，我向導遊致上最高的謝意，感謝他如此的幫忙。接下來，就是我跟團員姊姊相依為命了。

因為隔天早上十點要開刀，醫院安排一間位於四樓的單人病房，裡頭有一張病床、一張椅子跟一個兩人座的小沙發，團員姊姊當然躺在病床上，而我則是睡在兩人座的沙發。陪伴我們的，還有我跟她的行李。

那一晚，我們都無法入眠；團員姊姊因疼痛睡不著，而我，因為旅行的盡頭是醫院而失眠。

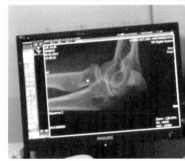

在土耳其的醫院當看護

萬萬沒想到，我人生第一次看護經驗，竟然是在離臺灣 8500 公里的醫院裡。

迷迷糊糊中被聽不懂的土耳其文吵醒，是護士進來通知我們十點前要準備好，因為團員姊姊當天早上要進手術房開刀，我趕緊去浴室拿出裝滿水的臉盆，把昨晚買的新毛巾丟到臉盆裡，然後把牙刷擠上牙膏，端到團員姊姊的病床前，讓她簡單的梳洗後，兩位護士小姐準時進來把她推往手術室。

雖然坐立難安，我還是利用空檔時間撥了電話給團員姊姊在臺灣的妹妹，告訴她目前團員姊姊已經進開刀房，同時也詢問她是否要飛過來探望姊姊，她表示因要照顧小孩無法飛來伊斯坦堡。

團員姊姊手術結束後被送回病房內。我永遠忘不了那一幕，她的臉色蒼白，嘴唇發抖直嚷著：「好冷！好痛！」接下來的三個小時，我不斷呼叫護士跟醫生，直到團員姊姊睡著為止。

當天傍晚，醫生交給我一張處方箋要我下樓去附近的藥局拿藥，因為我們是外國人，不論開刀或藥品的費用都非常昂貴。在藥局拿一次藥就要付現金 200 里拉，翻開皮夾，我開始擔憂接下來的日子。

晚上，團員姊姊醒來，她說開刀的傷口還是會痛，我要她吃藥前趕緊吃點東西。因為她的右手裹上石膏動彈不得，所以我餵她吃了幾口醫院的晚餐後，順便讓她把藥吃下去。我跟團員姊姊說：「這是我第一次的看護經驗。」而且是在離家 8500 公里的伊斯坦堡。

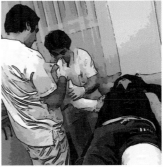

聖母瑪琍亞故居之聖母雕像

千辛萬苦回家路

　　11 天的旅遊行程就這麼無止盡的延續著，從團員姊姊進開刀房的那一刻開始，開刀後的隔天晚上，是全家團聚的除夕夜。

　　待在醫院的日子很煎熬，更何況是躺在病床上的團員姊姊，盡早出院回臺灣是我們最大的心願。除了做看護的工作外，每天我都會去醫生的辦公室報到，希望能從醫生口中聽到：「你們可以出院了。」

　　在這段期間，接到一通保險公司打來的電話，對方表明團員姊姊是他們公司的「超級 VIP」，一旦確認出院日期，他們會派一名護士從臺灣飛過來接我們回去，而且會幫我跟團員姊姊訂商務艙的回程機票。我聽到可以坐「商務艙」！太興奮了，當晚差點又失眠。

　　兩個星期之後的某個下午醫生來巡房，他開口的第一句話

是：「Can you teach me how to say "go home " in Mandarin?」

我開心得跳起來，脫口說出這段日子裡魂牽夢縈的兩個字：「回家！」

醫生說大後天就可以出院，我立刻把這個好消息通知公司、團員的妹妹，還有最重要的保險公司。

隔天，我拿到住院和手術費用單。我們必須結清約臺幣 60 萬的費用才能離開醫院。

當晚，我跟團員姊姊攤開身上所有的信用卡，我根據信用卡上的電話，撥回臺灣的銀行要求調高額度。結帳刷卡的那天，我帶著四張信用卡到櫃臺結帳，心裡七上八下的擔憂信用卡授權失敗。

所幸一切順利。

終於，我們可以出院回家了。

經歷讓人生更完整

清晨五點，病房門口傳來敲門聲，臺灣來的護士站在房門前，我知道離家越來越近了。

幸好有她專程從臺灣飛過來幫我，其實是為了團員姊姊來的，護理師一看到團員姊姊就問：「她是不是很久沒洗頭了？」

何止沒洗頭，其實從開完刀就沒洗過澡，平時團員姊姊都是用毛巾擦拭身體而已。

保險公司還請救護車將我們從醫院送到機場，團員姊姊的手跟腳裹著石膏，必須從病床先移動到擔架後再上救護車，到了機場之後，要換成機場輪椅進機場內，登機後再換空中輪椅上飛機，每次的更換都是大工程，我們都得小心翼翼扶著團員姊姊。

終於，到了飛機在桃園機場落地的那一刻，我才鬆了一口氣！

護士陪著團員姊姊到醫院做檢查，而我坐著高鐵往家的方向移動。

11 天的土耳其之旅，在第三十天才回到家。

　　或許很多領隊一輩子都沒有碰過如此特殊的狀況，而我在菜鳥時期就碰上。對我而言，這是來自上天的考驗，我並沒有被打倒，反倒是利用這次的機會，證明自己可以勝任領隊工作。這次的經歷給了我力量，在面對工作上的困難時，更加的勇敢與果斷。

送你一朵保加利亞玫瑰

最動人的玫瑰，是在幻化為永恆之後。

玫瑰花盛開時綻放著耀眼的光采，

耀眼的迷人魅力讓人無力抗拒，

一見鍾情，無法自拔。

發芽的愛情好比綻放的玫瑰，

滿是濃情密意的夢幻與熱情。

花開總有花謝時，最美的愛是永恆，

玫瑰花瓣落地時，才是我們尋找真愛的開始。

美麗的泉源來自神奇的玫瑰

　　玫瑰的外表典雅，內在散發迷人的香味，女人為之著迷，男人為之傾心。

　　天堂的種子掉落在保加利亞，保加利亞人用玫瑰飄香全世界。團員要來保加利亞前常特別囑咐，教我一定要帶他們來買玫瑰相關產品，玫瑰的名氣似乎遠遠大於這個國家。來自古代亞洲波斯的大馬士革品種玫瑰，在這片土地上發揚光大。

　　由保加利亞玫瑰花瓣提煉出來的精油，更是珍貴的美容聖品。傳說，每位保加利亞女孩都在滿是玫瑰花瓣的浴池中長大，皮膚才能如此的剔透。玫瑰精油之所以珍貴是因為價格比黃金還貴，而且具有高度活化人體皮膚的功效。

　　不止是精油，玫瑰化妝水、護手霜、乳液、香皂也都是熱門的玫瑰商品。曾經有位阿姨團員回到臺灣後，特地撥了電話給我，要我到保加利亞時再幫她帶 100 瓶精油，可見玫瑰精油的魅力無法擋。

玫瑰，內外皆美。

來到上帝的後花園，讓我為你摘下神奇的玫瑰，

如此，你的美貌更添光采！

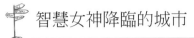

智慧女神降臨的城市

步出與羅馬遺址並存的現代化地鐵站，映入眼簾的女神雕像，身著優雅的古希臘服飾，右手持月桂冠，左手有貓頭鷹站立著，守護著索菲亞子民。

腦袋還在回憶著令人玩味的地鐵站——「塞爾迪卡」，它既是地鐵站的名字，也是古代羅馬城市的名字。不可置信的，原來，在我腳底下，竟是千年前的街道、民宅、神廟。

共產黨離開了，在索菲亞留下一些大型建築，而這些建築跟周圍的土耳其清真寺、拜占庭教堂、羅馬遺址，比鄰而居毫無違和感，反而吸引人在街道上佇足，遙想著，如果能回到 2400 年前的索菲亞旅行，會發現，世上不變的，是真心，唯一改變的，是時間。

羅馬時代的榮耀，鄂圖曼帝國的殘影，還有濃厚的俄羅斯文化。

一切，都臣服在索菲亞女神腳底下。

到深山尋找里拉修道院

　　修道院的修士或修女，終其一生都不會離開修道院，如此犧牲奉獻及堅持到底的精神，值得世人的崇敬與佩服。我在修道院深受感動與啟發。

　　抬頭望著藍色的天空，遠處被白雪覆蓋的穆薩拉峰也能盡收眼底。里拉修道院就藏身在保加利亞第一高峰腳底下，隱密的地點卻藏不住它的盛名，即使必須費很多個小時在蜿蜒曲折的山路繞來繞去，仍擋不去前來朝聖的信徒跟參觀的旅客。

　　東正教的信徒把這裡當成信仰中心，他們在教堂裡點蠟燭祈福，他們親吻聖像畫表示敬意，他們奉獻所得感謝修道院對國家的貢獻。

　　而我們這些觀光客是衝著世界遺產的名氣而來。通過修道院的正門通道，映入眼簾的是最具特色的東正教教堂，黑白相接的拱形迴廊滿是色彩繽紛的聖經壁畫，在迴廊的上方則是紅白相間的波浪屋頂，最高處是黃白條紋的小穹頂。教堂外環繞著的是修士居住的修道院，偶爾會有身穿黑色長袍的修士穿梭其中。

　　在古代，修士或修女平時抄寫古書經文，因此修道院保存了許多重要的典籍。重要慶典活動時，信徒從各地往修道院聚集，

它又會變成重要的社交場所。
發生戰亂時，修道院搖身一變
成 災民的避難所。可見修道
院對保加利亞人的意義重大。

　　在修道院的郵局裡，真心
的，寫著明信片，寄給遠方的
你，讓你知道我很好。

在神聖的教堂裡，真誠的，許下心願，

獻給遠方的你，希望你也過的很好。

玫瑰的首都

玫瑰的魅力，連城市也飄著花香。

保加利亞的舊首都在中部的大特爾諾沃，舊城區街道上的商店，到處都可以看到玫瑰美妝品，走進古老的木造房屋街道，除了木頭的味道，滿是玫瑰的芬芳，空氣瀰漫的是，濃濃的撲鼻香。

揚特拉河從北部流進大特爾諾沃後，沿著查雷維茲城以迴旋踢的方式先往東後往西邊流出，可見連河流對於保加利亞古王國也是畏懼三分。八百年前古城的入口處有隻石獅的雕像，象徵王國曾有過至高無上的權力。

古城走入歷史只剩下石頭遺址，新時代的年輕力量在此萌芽茁壯，街邊的牆壁畫滿色彩繽紛的各式塗鴉，老城新風貌正是最佳寫照。

從我坐的位置向窗戶外望，密密麻麻的房子依山而建，揚特拉河從底下流過，這是一幅像畫的景象。

我為你在餐廳保留了，最佳的觀景座位。

COMPLEXUL
WOLF

COMPLEXUL WOLF COMPLEXUL WOLF COMPLEXUL WOLF

www.complexulwolf.ro

這裡沒有吸血鬼

嘴角似乎留下紅色血跡，

因為，我喝了番茄湯。

你一定想知道，

我在吸血鬼的家有沒有變成吸血鬼？

其實，

看看脖子上有沒有咬痕就知道答案了。

而我在羅馬尼亞

從未發現吸血鬼的蹤跡。

吸血鬼城堡

遠方的天邊雲霧繚繞，太陽轉瞬間消失在烏雲裡，

漸漸稀薄的氧氣，讓呼吸變得困難。

突然間，狼嚎聲四起，

一個黑影從森林竄出，驚慌的開始轉頭奔跑……

從夢中驚醒，手裡拿著布蘭姆·史托克的小說《卓九勒伯爵》註。小說中影射德古拉公爵是吸血鬼，從此，世人開始到羅馬尼亞找德古拉公爵。我們在喀爾巴阡山區的森林裡，小心翼翼的踏上前往吸血鬼城堡之路。

緊握著胸前的項鍊，鼓起勇氣步下車，穿過紀念品攤販區，來到吸血鬼城堡的外圍入口處，前方的陡坡是前往城堡的必經之路，抵達城堡前，體力已耗盡大半，這是尋找德古拉的考驗。城堡蓋在巨石上，入口處的十字架碑教人不寒而顫。還要再爬一段階梯才能抵達城堡的入口，相傳是為了觀光客而特別建造的。

我深深吸一口氣，下意識往吸血鬼城堡裡走去。

城堡內的木造階梯窄小，甚至有段古老的祕密階梯通道只有 1 公尺的寬度，走過很多小房間，遍尋不著吸血鬼的蹤跡，最後在頂樓一間小房間，看到了德古拉……的電影海報。

　　這是我跟德古拉的唯一接觸。

註：《Dracula》中文版於 2007 年大塊文化譯為《卓九勒伯爵》，作者 Bram Stoker 譯為布蘭姆・史托克。2010 年聯經出版一套「一生必讀方英文閱讀」，收錄此書，並還原為大家熟知的譯名「德古拉」，書名為《吸血鬼德古拉》，作者名則譯為布拉姆・史托克。

德古拉的家

看不到盡頭的階梯綿延而上，脫下長袖襯衫，準備前往山頂上的教堂。

傳說，前往吸血鬼的家之前，最好先到山頂教堂禱告。

黑色原木搭建的棚架一路延伸到山上去，是教會擔心朝聖者風吹日曬而蓋在階梯上的。一位戴著白色草帽的阿嬤面色凝重的站在階梯前，似乎是獨自一人前來，雙眼骨碌骨碌轉動著，搗著心口劇烈起伏著，可能是擔心自身體力無法爬完這 176 階。

「我背你吧！」

看到此景，不禁心生憐憫，我自告奮勇的說著。

無視阿嬤揮手拒絕幫忙，二話不說將阿嬤背到肩上。一股作氣爬到最上層，即使汗水淋漓了雙眼，上衣也濕透。

但辛苦付出必定是上帝的美意。

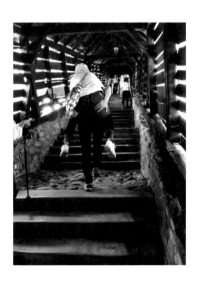

哥德式建築風格透露教堂的年代，數個古老木造儲物櫃讓教堂更具神祕特色，牆壁斑駁的宗教壁畫代表過往的輝煌歲月。參觀完山頂教堂，該是時候下山尋找吸血鬼的家了。

沿著顛簸石頭路面前進，遠遠就看到錫及什瓦拉的中世紀鐘塔，任何人都無法抗拒鐘塔上五顏六色的彩色拼貼磚的魅力。

就在我停下腳步抬頭仰望時，右前方視線範圍內，有塊大理石板寫著「DRACUL」的字眼，走近一看，石板還寫著 1431 ～ 1435 年，代表德古拉居住在此。那是一棟黃色的三層樓建築，目前是一間吸血鬼主題餐廳，

內部二樓牆壁是德古拉與錫及什瓦拉城的壁畫，餐廳刻意用暗色系家具和昏暗的燈光，營造恐怖的氣氛。

吸血鬼之家門牌

嘴角似乎留下紅色血跡，

因為，我在餐廳喝了番茄湯。

你一定想知道，

我在吸血鬼的家有沒有變成吸血鬼？

其實，看看你脖子上的咬痕就知道答案了。

布加勒斯特

德古拉公爵擔任瓦拉幾亞大公期間，來到布加勒斯特要塞。短暫的六年時光，卻是最美好的年代，帶動了城鎮的繁榮與興盛。

吸血鬼趕走了黑夜，替城市帶來希望的陽光。渴望自由的光，就用熱血換取。1989 年，憤怒的人民在革命廣場推翻了獨裁者西奧塞古。

簡單的白色紀念碑，卻是最深刻的歷史印記。廣場旁，羅馬尼亞的第一任國王，卡洛斯一世騎馬雕像聳立在大學圖書館前。

國王雖然來自德國，卻深受羅馬尼亞人民的愛戴。一條街的距離，兩個不同世代，歷史共同存在著，英明的君主與昏庸的暴君。

西奧塞古在 1985 年建造的人民宮，號稱是當時世界上的第二大建築物。動用二萬名工人日夜趕工，幾乎掏空了羅馬尼亞國庫，目的卻只是滿足一己私欲。龐大的建築背負著沉重的舊時代包袱，也是布加勒斯特最錯誤的美麗建築。

在布加勒斯特的香榭大道上優閒的漫步，在布加勒斯特的凱旋門前留下永恆的照片，在布加勒斯特找到了巴黎的浪漫身影。身影的背後，其實是一連串的辛酸過往。

旅行，讓我們看到人性的黑暗面，及那些不堪回首的過去。

布加勒斯特市區就像露天的建築博覽會場，希臘神殿樣式的雅典娜音樂廳，巴洛克式的 CEC 銀行，或者是新古典式的國家銀行，每一棟建築都值得佇足旁觀。

回到布加勒斯特舊城區，站在德古拉的雕像前，看不出吸血鬼的模樣，卻是正氣凜然的民族英雄德古拉大公爵。

我在羅馬尼亞從未發現吸血鬼的蹤跡。

看穿你的眼

屋頂上有眼睛在看著我們，而且不只一雙眼睛，

炯炯有神的大眼睛，睡眼惺忪的小眼睛，

還有賊頭賊腦的瞇瞇眼……全都注視著，

站在西畢烏大廣場上的遊客。

德國人在一次世界大戰時占領西畢烏，即使後來重回羅馬尼亞的懷抱，德國的文化在此早已根深柢固，街頭上聽到德語的機率比羅馬尼亞語還高。路德會大教堂是西畢烏最高的建築物，正是德國人所信仰的路德新教。哥德式尖塔及三角型屋頂造型讓教堂像極了魔法學院。揮舞手中的魔法棒，西畢烏在 2007 年獲得歐洲文化之都的殊榮，這是德國人在羅馬尼亞的驕傲。

巴洛克式屋頂，文藝復興風格外觀，是羅馬尼亞最美的市政廳。

晚餐後喝著德國啤酒，坐在市政廳前的廣場上。在酒精催化下，開始在廣場上恣意的哼著歌，彷彿，身旁的建築也當起合音天使，一起為你唱起思念的情歌。

通往下城區的馬路上方有一座行人橋，小小的鐵橋有個特殊的名字，相傳，中世紀時，來自哈布斯堡的軍人，帶著當地女子來這座橋談情說愛並許下永恆的承諾。但軍人離開後，就再也沒有回來過。所以當地女子詛咒在鐵橋上說謊的人會掉到橋底下。

恍惚間，我竟站在橋底下的馬路。在西畢烏的監視下，我許下承諾——我的旅行，將給你最美麗的風景。

西畢烏的夜晚，因你的容顏而美麗。

森林裡的美麗城堡

「在不遠處就可以抵達錫奈亞山城,等一下巴士會離開大馬路往左邊的山上開,沿途兩旁都是 20 世紀初的豪宅或小城堡,卡洛斯一世在附近的森林蓋了佩雷斯城堡後,王宮貴族或富貴人家爭相到此大興土木,慢慢的,錫奈亞就成為有錢人的城市。」放下手中的麥克風後,下車,領著團員準備到森林裡的城堡參觀。

一條綠色林蔭大道,是通往佩雷斯城的必經之路。光是入口處的城堡餐廳及飯店已經讓團員直呼漂亮的猛按快門。更別提城堡會抹殺多少底片。

佩雷斯城堡是卡洛斯一世的夏宮,夏宮蓋在小山坡上,四周森林圍繞。德國文藝復興的建築風格加上巴洛克式的尖塔,黃色跟白色大理石構成的牆面搭配胡桃木飾條。大門的柱子是由精細大理石雕刻而成的愛奧尼克式柱。前庭廣場的噴泉還有各式大理石雕刻,美得讓人目不轉睛。

城堡的美,連空氣都在微笑。城堡內部的核桃木挑高大廳,讓人驚豔讚嘆不已,內部的國王武器收藏室,有祕密通道的圖書館,以及各種不同風格的房間,甚至還有私人的劇場。1883 年建成的城堡,深具童話世界的色彩。

喀爾巴阡山最美麗的珍珠是錫奈亞，

錫奈亞最炫麗的鑽石是佩雷斯城堡。

這顆鑽石的光芒，是為你而閃耀。

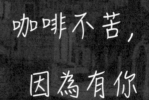

咖啡不苦，

因為有你

如果你也在這裡，

想點兩杯咖啡，

一杯咖啡給你，

一杯咖啡給我，

知道你對咖啡過敏。

但，我要你喝下，

這裡的浪漫。

加了浪漫的咖啡

喝下這杯百年咖啡, 嘴裡沒有咖啡的苦澀,
反而滿是, 甜蜜溫暖的香味,
因為, 這咖啡加了威尼斯的浪漫情懷。

　　在義大利四處都可以喝到咖啡,因為他們的身體裡流著咖啡的血液。尤其在威尼斯更應該喝杯含有浪漫元素的咖啡。

　　聖馬可廣場上有三家咖啡館擁有百年以上的歷史,在廣場上的露天座位區坐下來點杯百年咖啡,耳朵聽著現場交響樂曲演奏,眼睛欣賞著華麗的聖馬可教堂跟雄偉的鐘塔,心裡感受著隨音樂起舞的愛侶及旅人感動的氣息。

如此湛藍天空深藍海域, 點綴橘黃日落昏黃燈光,

那樣的景致, 這樣的心情。

　　我在小酒館喝著咖啡，伴著大運河與里奧托橋這對戀人，聽他們說著綿綿情話，一說就是 500 年。

　　里奧托橋是癡情的男子漢，守護著柔情的大運河，不論白天，黑夜；不論晴天，雨天，他們永遠相依相伴。

　　甜蜜的戀情，讓我手中的咖啡不苦了。

　　恆久不變的浪漫，來自於靜靜的陪伴。

黑色邂逅

石造拱橋上，瞥見河道黑色的身影，卻又瞬間消失在橋底下，我快速移動著腳步，轉身跑向另一側，只見尖尖的鳳尾消失在轉角。

在威尼斯的運河上，一次美麗的黑色貢多拉邂逅，泛起久未悸動的心。

帶著無法平復的思緒，穿越小橋下，碼頭旁，繞過劇場、皇宮、教堂，耳邊傳來嘹亮的歌聲，是令人動容的古老曲子。微風徐徐吹來，輕輕的打在臉上。旅行尋找的感動，似乎就躲藏在這裡。

喝杯彩色的咖啡

打翻調色盤的天使，害羞的躲在，色彩
繽紛的彩色島。

隨著水中巴士慢慢的減速，隱約可見色彩斑斕的小房子，迫
不及待的我們，船都還沒停穩在碼頭邊，紛紛站起來急著要下船。

我們上岸的島，真的是彩色的，就像小時候畫畫，房子是畫
布，心情是色彩，自己就是畫筆。喜歡甚麼顏色，就讓自己的心
情決定。

團員興奮的說這裡的房子好像馬卡龍，孩子們搶著說明明是
像冰淇淋才對。

順著一整排彩色房子往前走，閉上眼睛刻意走 17 步後在一間小房子前停了下來，翻開背包拿出早上在超市買的罐裝咖啡。我開始喝著咖啡。

你一定很想知道我身後的小房子是什麼顏色？

我說：這是屬於我們的顏色。

有那麼一天，我會跟你一起在這間小房子前，

喝著彩色的咖啡，看著命中注定的彼此。

沒有行李的旅程

當巴士司機看到我們時，驚訝的問：

「Where is your group's luggage?」

我心裡比他還納悶：where is our luggage?

都是颱風惹的禍

　　那是一趟十天的旅行，目的地是阿爾巴尼亞、黑山共和國、克羅埃西亞和斯洛維尼亞四國。我記得很清楚，那是十月份，按常理來說，臺灣應該不會有颱風，偏偏還是讓我們遇到了。

　　但我們碰到的是颱風的尾巴，所以原本是晚上七點從高雄起飛到香港轉機的航班，只是延誤一個小時後就順利起飛，印象中還喝了航空公司提供的麥香紅茶。

　　這時開始有點緊張會接不上香港飛伊斯坦堡在晚上十一點起飛的航班，倒楣的事情發生了，颱風離開臺灣，卻偏偏往香港的方向撲去，晚上八點班機雖然順利起飛，但到了香港機場上空卻一直盤旋，直到晚上十點半才降落香港機場。在機上心急如焚的我，下機前就跟團員們說：「等一下先不要上廁所，而且還要用衝的到登機門。」加起來快千歲的阿公阿嬤團員非常焦慮的看著我。

　　下機後，地勤人員也萬分著急的找到我的團，他們領著我跟團員經由特殊通道到樓上的登機門，

氣喘如牛的阿公阿媽好不容易陸續的跟著我們跑到登機門，我對著先到的團員們大喊：「趕快上飛機！」

此時，在登機口查驗登機證的香港地勤人員卻不讓團員們上飛機。並且把我叫了過去，

他們拿 一張紙，上頭寫著：

「因為臺灣颱風的關係，導致行李運送延誤，可能無法送抵您的最終目的地。請簽名。」

他們還半威脅的口氣對我說：「如果領隊您不簽名，全團都不能上飛機。」

開什麼玩笑！行李不能到目的地還得了？

我可不是被唬大的，我立刻說：「我不可能簽的！」

現場的氣氛變得很僵，我請團員到座位區休息，撥了電話回報給我的老闆。十分鐘後，我回去登機門簽了那張紙。我們就飛往伊斯坦堡了。

但那是噩夢的開始，而且是早就可以預料到的。

失去才懂得珍惜

伊斯坦堡並不是我們的最終目的地，我們還要轉機到阿爾巴尼亞的首都提拉納，我跟團員說希望我們可以順利在提拉納看到我們的行李。

這是一個非常非常小的機場，第二天早上快速的入關後，全團在行李轉盤前等待，隨著時間分秒的過去，隨著其他外國乘客陸續拿到行李離開，我從期望慢慢轉變為失望。

大約 20 分鐘後，我決定放棄。帶著全團 30 個阿公阿媽往行李遺失處移動。

搭飛機未領到行李必須申請行李未到證明書，因為必須個別

辦理，我們多待了 4 個小時才離開機場。行程因此大延誤了。

當巴士司機看到我們時，驚訝的問：「Where is your group's luggage?」

我心裡比他還納悶：where is our luggage?

因為沒有行李，第二天晚上，進入黑山共和國後，我立刻請司機載我們去 shopping mall，讓大家買內衣褲、襪子，並請他們務必保留收據。

團員們在那天都買得挺開心的，完全沒有人擔憂還沒拿到行李這件事情。

其實，這段期間除了請求公司幫忙追行李，也不斷打電話給堤拉納機場尋問行李的下落，還拜託當地旅行社也幫忙詢問。

行程第三天，我們又過了邊界，進入克羅埃西亞，大家都滿心期待這一天回到飯店可以看到行李。

當天要回飯店前，我已經詢問過飯店是否曾收到行李，結果還是令人失望。

所以回飯店前，我又請司機載我們到附近的 shopping mall。

這時開始有團員鼓譟：「怎麼可能到現在還沒有收到行李？」

除了安撫團員的情緒，我直接撥電話到香港機場詢問，他們說行李在伊斯坦堡機場。我又撥電話到伊斯坦堡機場，伊斯坦堡機場說行李在明天早上會送到堤拉納機場。於是，當晚很開心的宣布：「我們的行李明天可以收到。」

但第四天晚上，我們還是沒收到行李。

團員開始不耐煩的大罵：「到底是怎麼搞的？」還有阿公團員說：「我的心臟病藥放在行李內，身上已經沒藥了！如果我怎麼了，你們要負責。」

我聽了其實很心痛，只是這一切，都是當初在香港機場就知道會發生的。

而心慌意亂的我完全忘記，我們是在克羅埃西亞，而不是幾百公里遠的阿爾巴尼亞。

原來，行李當天真的到了堤拉納機場，但行李主人不在，無法過兩個邊界（阿爾巴尼亞到黑山共和國，黑山共和國到克羅埃西亞），必須申請特殊文件才能通關，因此又多延誤一天。

終於，到了第五天，我們入住斯普利特的飯店時，在飯店大廳口，看到了久違的行李，內心的激盪無法言喻。這時，我們才知道行李的珍貴。

婆婆永生難忘的行李

你以為故事到此就結束了嗎？

拿到行李後，我請團員們在隔天早上 7 點 30 分把行李放在房間門口，行李員會去收齊，幫忙把行李拉到大廳。

隔天早上預計 8 點 30 分出發，於是我在 8 點 20 分時到大廳清點行李，反覆清點，怎麼算就是少 1 件。

集合時間到了，我請團員們確認自己的行李。

一位婆婆看著我著急的說：「小龍，沒看到我的行李。」

「不會吧？！怎麼可能？」

我立刻跟行李員衝回去婆婆的房間，沒看到任何行李，詢問飯店櫃臺人員，當天是否有其他團體比我們早出發？

但飯店人員竟表示不能任意透露其他團體或客人的資料。

當時我非常氣憤，立刻請司機幫忙打電話報警，

9:30 左右當地警察來了。還好我們碰到負責任的警察，很詳細的詢問並記錄丟行李的過程，10:30 警察完成筆錄，而且告訴我有新的進展會通知我們。

我們繼續旅程，又帶了一張行李遺失證明單。

婆婆好不容易才拿到的行李，隔天早上又不見了，她的沮喪可以想見。我發誓，一定要把行李找回來。

我請公司寫信給飯店務必提供其他團體的領隊電話給我，這樣我就可以一一打電話去詢問。

當天晚上，婆婆的行李還是沒有下落。

到了第 7 天晚上，我接到來自克羅埃西亞警方的電話，他說我們掉的行李在另一個臺灣團那裡。並且把那團領隊的聯絡電話給了我。

我打了電話給那一團的領隊，她說他們現在在克羅埃西亞，如果要拿回行李，就需要我們過去拿。

有沒有搞錯？明明是他們先出發，多拿了一件我們的行李，我都不跟她計較，還要我自己想辦法把行李拿回來？我一心只想快一點拿回行李，但問題是他們現在在克羅埃西亞，而我們的旅行已經來到斯洛維尼亞了。而且再不過去拿回行李，我們兩團的距離只會越離越遠呀。

第 8 天的早上，我拜託斯洛維尼亞的導遊開車南下到克羅埃西亞拿行李，當然油錢由我負責，還付他該有的酬勞。因為兩團的距離非常的遠，婆婆拿到行李的時候，已經是在行程第 9 天早上，而且那時候我們已經在機場準備要回臺灣了。

見到了行李，婆婆非常開心的跟導遊拍照留念。

雖然整趟 10 天行程，行李只待在她身邊 1 晚。

驚豔北歐仙境

清新空氣中迷漫著森林的香氣，
閉上眼睛，
用心，
嘗一口挪威。

傳說這片森林有精靈

看到地面上的石頭被堆得高高的，也嘗試著要把石頭也堆疊起來，卻怎樣也沒辦法，當地人說，這些小石堆是調皮精靈的傑作。挪威森林綠地占總面積 75%，精靈就在這大片森林裡無憂無慮的生活著。

巴士司機拜託我一件事，他說等一下我們會經過精靈之路，請我不要講話也請團員們保持安靜，避免吵到山中的精靈，一方面他也能專心的行駛這段曲折蜿蜒的景觀公路。

路面確實很窄，轉彎處都在考驗著巴士司機的技術，大家都屏氣凝神的看著窗外驚人的險峻道路，直到通過精靈之路到山頂休息站後，全車的團員皆鼓掌拍手替司機叫好。

如果你不知道什麼是震撼？你真的該來精靈之路的觀景臺感受。

往前看兩旁是無止盡的高山峽谷，往下看是深不見底的懸崖峭壁，剛剛經過的曲折蜿蜒的精靈之路，都盡收眼底。

挪威的森林是寧靜的，在寧靜之中心靈得以解脫。

我願意醉倒在芬多精的懷裡，讓它帶著我到有你的地方。

峽灣國度

萬年前，大地覆蓋滿滿的冰川，地球開始暖化後，山壁被流動的融冰切割磨蝕，日積月累，海水倒灌進來，就形成壯闊的峽灣。

峽灣是上帝給挪威最大的贈禮，在峽灣面前我們都能感受造物者的偉大。

白雪、綠樹、黑壁，還有深綠色的湖面，站在觀賞蓋朗格峽灣的最佳位置老鷹之口，眼前的景致壯闊到快讓人窒息，豪氣萬千的峽灣引來陣陣的讚嘆聲與快門聲，難怪被列為世界遺產加以保護。

峽灣的盡頭是蓋朗格小鎮，小鎮旁滔滔不絕的瀑布從山上往下流入峽灣，山頂上雲霧繚繞的畫面，宛如仙境般動人。在峽灣邊，享受著神仙般的恣意優閒。世界上最完美的山水組合，在我們眼前呈現。

認識挪威最快的方式是參加挪威縮影1天的行程，內容包含：「景觀火車、高山火車、峽灣的遊輪。」飽覽童話故事般的小鎮，翠綠茂盛的森林，氣勢磅礡的瀑布，還有高山上的白雪皓皓。

在海鷗同遊的峽灣遊船，看過大自然的鬼斧神工後，我會以最謙卑的心看待這美妙的世界，我相信你也會認同我的看法。

我在 66 度 33 分的分隔線

夢幻分隔線在……緯度 66 度 33 分的北極圈。

猜猜看此刻我在北極圈的哪裡？哈哈，我在全世界最北邊的麥當勞裡。我帶著團員來到這裡，這兒有免費的極光明信片，然後，就可以去找騎馴鹿雪橇的聖誕老公公，請他把明信片交到你手上。

小時候我們都曾經在起床時，檢查窗戶邊的紅色大襪子，看看聖誕老公公是否在前一晚把禮物送來。

現在，換我們來拜訪他老人家了。

他家的庭院前有一條夢想的分隔線，跨過這條線等於跨進北極圈，而聖誕老公公的家就在木屋裡頭，團員們紛紛迫不急待衝上樓，找聖誕老公公合照，我拿出在麥當勞索取的明信片，寫上：「踏入北極圈，夢想一定可以實現，因為我會握著聖誕老公公的手，告訴他我會努力朝夢想前進。」我把明信片丟入紅色郵筒，代表聖誕老公公會在聖誕節那天把明信片交給你。

凱米河是芬蘭北邊的河流，往南邊最後會流入波羅地海，遊覽凱米河的最佳方式是搭乘古老的圓木長船，徜徉在清澈如鏡的凱米河道，欣賞著兩旁秀麗的景色，藍天白雲也羨慕的看著我們。

　　我在北極圈繼續旅行之路，希望你收到夢想明信片後，已經踏上圓夢之路。

傑古沙龍冰河湖

　　一路上，前方是一望無際的視野，有時候是綠意盎然的青青草原，有時候是氣勢磅礡的遼闊冰川，坐在巴士上已經兩個小時，前後方看不到其他車輛，伴隨著的並非空虛寂靜，而是驚喜連連的絕世美景。

　　瓦特納冰川是冰島最大的冰川，甚至於是歐洲大陸最龐大的冰原。傑古沙龍冰河湖就是冰川融化所形成的。

　　深藍色的巨大湖泊漂浮著高聳的浮冰，在湖邊看著團員興奮的與冰河湖合照，腦中浮現學生時代深受困擾的浮力原理，拋開惱人的習題，我們搭著水陸兩用船到冰河湖裡，一切就像是在夢中旅行，被白色，淺藍色，甚至是黑色的大冰塊圍繞著，神祕而高聳的瓦特納冰川就在眼前。

　　零度以下的低溫，身體卻很溫暖，因為手裡握著你給的暖暖包。心也是暖和的，因為想著你的擁抱。

冰川崩解的瞬間，是思念最深的時刻。

熱情奔放的陽光國度

西班牙的建築，
絕美動人得直達心坎！
西班牙的風，
教人迷戀起你的浪漫。
西班牙的陽光，
讓人戀起你微笑的燦爛。

美輪美奐的西班牙廣場

曾經，我傳了一張半圓型廣場的照片給你看，你問我這是在哪兒？你說這輩子從未見過這麼漂亮的建築。

安達魯西亞象徵著西班牙的精神，塞維亞是安達魯西亞的指標城市，位在塞維亞瑪麗亞露易莎公園的西班牙廣場，更是了解西班牙最快速的地標。

半圓形廣場的兩側各有一根高塔，代表全盛時期的雙王，伊莎貝爾與費南度。底層圍繞廣場四周有精美的彩色磁磚，瓷磚上的畫代表西班牙各地的文化特色。在廣場中間的半圓型運河還有4座橋，象徵著西班牙四個古王國：卡斯蒂亞、萊昂、亞拉岡跟納瓦拉。

廣場上的噴水淺池是夏天消暑的最佳去處，孩子們赤著身體在噴水淺池追逐嬉戲，大人們則忙著拍下這片刻的美與幸福。百年前的博覽會廣場，為我們帶來建築的最大視覺震撼。

絕美動人的西班牙廣場，讓人了解建築的美是可以直達心坎的。用心的傑作，才能成就永恆的光采。

西班牙末代伊斯蘭皇宮

印度的泰姬瑪哈陵是為愛情而建的十六世紀伊斯蘭教建築，西班牙的阿爾罕布拉宮是為欲望而建的十三世紀伊斯蘭教建築，東方跟西方的伊斯蘭富麗建築雙雙列入世界遺產。有趣的是，最美麗的回教建築，卻都不是位於當今阿拉伯世界。

來自中東地區伍邁葉王朝的蘇丹占領西班牙南部後，摩爾人在安達魯西亞地區建立了特有的文化，納薩里皇朝也在格拉納達山上蓋起大型宮殿跟花園，1492 年被雙王征服後，宮殿被天主教徒接收，蘇丹只能黯然回首這精緻絕美的宮殿。

上山，紅色的城牆圍繞著神祕的皇宮，入口處非但看不見雄偉的城門，迎面所見卻是大理石所建的卡洛斯宮殿，大門上女神浮雕與希臘柱不難看出是西方建築。

若想看到更驚為天人的作品則需要門票，繼續往內走，步入伊斯蘭教納薩里皇宮。平時蘇丹會見大使的廳堂，前方有座長方型水池，從水池的倒影可欣賞大使廳的精美絕倫的伊斯蘭拱形迴廊及塔樓，眼前細緻的美景，彷彿置身在電影場景中。

宮殿的牆壁跟走廊盡是華麗的瓷磚和密密麻麻的阿拉伯文字，跟花草圖案的浮雕。在獅子中庭的 12 隻維妙維肖的石獅，會依時間

由口中吐出水來，室內廳堂的天花板更是由繁複的石雕組成七層天堂。

阿爾罕布拉宮建造完成時，摩爾人在西方的氣數已盡，留下的末代奢華回教宮殿，總是有種說不出口的遺憾。

這座精美細緻的宮殿，正如氣質高雅的你。

太加斯河最華麗的轉彎

雖然我們無法參與那輝煌的盛世年代，但可以在高處遙望古都發出的光芒。

位在高崗上的托雷多城易守難攻，曾經是抵擋回教徒進攻的堅固堡壘，也是遷都馬德里前的西班牙首都。

托雷多城貼心的建造了多部電扶梯，讓遊客省去爬山進城的辛勞。

托雷多城以三宗教城聞名，天主教、伊斯蘭教跟猶太教在此共生共存。來自希臘的埃爾葛雷科所繪的宗教畫作，更是鞏固其宗教中心的特色。

托雷多大教堂是古城最重要的教堂，建築十分雄偉宏觀，教堂兩側各有高塔，一邊是哥德式的大尖塔直上雲霄，另一邊則是文藝復興的屋頂塔樓，中間的大門以大量雕刻藝術做裝飾，來往的旅客，無不臣服在這座猶如建築教科書的教堂底下。

太加斯河張開雙手，領著托雷多城在我們腳底下跳著優美的華爾滋。

你曾站在山丘上，衣襬隨著晚風高高吹起，

有多久沒跟你跳支舞了呢？

 白色風車

風來的時候，它就會帶著我們飛向，
唐吉訶德的夢中……
西班牙中部的梅塞塔高原時常揚起陣陣的風沙，
沙子吹進眼睛，風卻消失在背後，
記憶卻吹進我們的心中。

有多少的風飄過白色的風車，
多少的歲月流過白色的風車，
在高原上的風車葉片雖已停止轉動，
但風仍是繼續的吹著。

一陣風吹過來, 乘著風,
飛向有你在的地方。

幸福，
在旅行中遇見

走在旅行的路上，
因美景而心胸開闊，
因美食而心情愉悅，
因為人情溫暖而感動。
旅行，讓一切變得更好。

得來不易的幸福

東邊是鄂圖曼式的土耳其街，西邊是維也納式的奧地利街。一條簡單的線，劃破歷史的隔閡，聯結了時空的差異。輕易的站在塞拉耶佛的東西文化線上。

但，其實幸福，得來不易。

古城塞拉耶佛在 1992 ～ 1995 年陷入圍城困境。波士尼亞與塞爾維亞的戀人因此在這裡上演了東歐版的羅密歐與茱麗葉。為了逃離戰火，在狙擊手之巷雙雙成了塞拉耶佛的血玫瑰，不同種族的愛侶成了戰爭下的犧牲品，但也因此得到了永恆的幸福。

戰爭結束，人們在街頭自由自在的走著，愜意的坐在咖啡館前喝咖啡，看似簡單的生活，來自最複雜的過往。

幸福，得來不易，我們都不該輕易的鬆開手。

旅行讓我幸福

對我來說，旅行就是工作。跟別人不同的是，在我的工作中，我可以尋找到很多感動的畫面，日積月累的感動讓我成長與茁壯。

常有客人對我說：「我們是花錢來旅行，你是旅行來賺錢。」

我言不由衷的答說：「當領隊，是為了看到人們真情的笑容。」

但這確實是一開始選擇當領隊的初衷。有一句話：「讀萬卷書，不如行萬里路。」可以改成：「家財萬貫，不如環遊世界。」所以，內心，我已經富甲天下了。

一年有 250 天在工作，代表一年有 250 天在旅行，旅行讓我體會各種酸甜苦辣的狀況，也見識過大風大浪的畫面，更增添了精采的美好記憶，我的人生也因此而豐富。

在旅行的每一天，充滿著歡笑與快樂，因為幸福不斷的圍繞在我身邊。

最漂亮的角落

常常有團員問我哪裡最漂亮？

我常開玩笑的回答：你的視野最漂亮。

其實我是認真的。

全世界最浪漫的水都，最浪漫的風車，最美麗的玫瑰，最耀眼的陽光，最壯闊的冰河，我都覺得很美。

在世界最漂亮的角落，說著，我的視野給你聽。

但最想看的風景，卻是你，最想知道的卻是你，所以說，你的視野，最美！

為自己旅行

旅行很容易，為自己而旅行很困難！

常常有團員在旅途中拿一張 A4 大小的購物清單給我看，要幫朋友買，要幫家人買，要幫小孩子買，好不容易都買到，卻沒時間幫自己買了。

有一次一位阿姨說要我幫她找某一牌的嬰兒車，利用自由活動時，我們搭計程車過去，看到嬰兒車後，阿姨立刻視訊給家人，但網路訊號不穩，前前後後折騰快 1 個小時，最後因為價錢跟臺灣差不多，所以放棄不買了。

我們是不是該給旅行的人，留些珍貴的時間給自己。

旅行的魅力不在於美景，而在於我們的心境

最令人期待的旅行，是一路上有你的陪伴。在最美麗的感動時刻，有你，也有我。

到遠方，尋找埋藏內心已久的悸動！

你是我的好心情，帶著你遊山玩水，看什麼風景都感到愉悅，吃各種食物都覺得美味，愉快的心讓旅行更完美。

有人常說出國散心，若帶著鬱悶的心情旅行，即使看到清澈的湖泊，在你眼底仍是污濁的死水。即便到了高聳的峰頂，在你腳下仍是一片散不開的烏雲。

旅行前，整理的除了我們的行李外，最重要的事，是整理自己的心情。

旅行，帶你找到更好的你

未來，一定可以比現在更好！

畢業找到第一份工作，

領到薪水後，生活的比學生時代好。

談戀愛後，變成兩個人的世界，

過得比一個人好。

就算分手了，也一定會過得比他好。

一切都會變好，

差別只在於你想要變多好。

你可以過得更好，只要你願意……

走在旅行的路上，

因美景而心胸開闊，

因美食而心情愉悅，

因為人情溫暖而感動。

漸漸的，會發現，

原來，

你已經越來越好。

旅行，讓一切變得更好。

幸福的光，等待你來追尋。

回到世界最美的地方

跋山涉水，歷盡千辛萬苦，是為了，離你更近。

走過千里，排除所有障礙只為了，見你一面。

思念，是因為我的心一直都在。

牽掛，是因為你無怨無悔的等待。

你是我的家。

　　走在回家的路上，連天空都在為我喝采，坐在飛機上看著窗外，那是屬於臺灣的白雲。

　　飛機落地的瞬間，內心的激盪已無法言喻！

再棒的美食，也比不上家鄉美味，再遠的距離，也擋不住歸鄉之路。

回到世界最美的地方，不用在黑夜忍受寂寞，不再因思鄉而強忍淚水，家，是旅人的最終目的地。

而旅行讓我們更愛家。

轉身，看見你未來的風景。

也看見你現在的希望。

轉身，
看見你未來的風景

作　者／Justin Li
攝　影／Justin Li、Elsa Lu
美術編輯／申朗設計
企畫選書人／賈俊國

總 編 輯／賈俊國
副總編輯／蘇士尹
編　　輯／高懿萩
行銷企畫／張莉滎 · 廖可筠 · 蕭羽猜

發 行 人／何飛鵬
法律顧問／元禾法律事務所王子文律師
出　　版／布克文化出版事業部
　　　　　臺北市中山區民生東路二段 141 號 8 樓
　　　　　電話：(02)2500-7008 傳真：(02)2502-7676
　　　　　Email：sbooker.service@cite.com.tw
發　　行／英屬蓋曼群島商家庭傳媒股份有限公司城邦分公司
　　　　　臺北市中山區民生東路二段 141 號 2 樓
　　　　　書虫客服服務專線：(02)2500-7718；2500-7719
　　　　　24 小時傳真專線：(02)2500-1990；2500-1991
　　　　　劃撥帳號：19863813；戶名：書虫股份有限公司
　　　　　讀者服務信箱：service@readingclub.com.tw
香港發行所／城邦（香港）出版集團有限公司
　　　　　香港灣仔駱克道 193 號東超商業中心 1 樓
　　　　　電話：+852-2508-6231　　傳真：+852-2578-9337
　　　　　Email：hkcite@biznetvigator.com
馬新發行所／城邦（馬新）出版集團 Cité (M) Sdn. Bhd.
　　　　　41, Jalan Radin Anum, Bandar Baru Sri Petaling,
　　　　　57000 Kuala Lumpur, Malaysia
　　　　　電話：+603- 9057-8822　　傳真：+603- 9057-6622
　　　　　Email：cite@cite.com.my
印　　刷／韋懋實業有限公司／卡樂彩色製版印刷有限公司／鴻霖印刷傳媒股份有限公司
初　　版／2017 年（民 106）12 月 25 號
售　　價／320 元
ISBN ／ 978-986-95516-9-4

城邦讀書花園　布克文化
www.cite.com.tw　www.sbooker.com.tw